Giuseppe Verdi
RIGOLETTO

Giuseppe Verdi al tempo di Rigoletto

GIUSEPPE VERDI

RIGOLETTO

Melodramma in tre atti

Libretto di FRANCESCO MARIA PIAVE

Prima rappresentazione:
Venezia, Teatro La Fenice, 11 Marzo 1851

PARTITURA

A cura di Mario Parenti (1964)

RICORDI

Casa Ricordi, Milano
© 1914 by **CASA RICORDI** - BMG RICORDI S.p.A.
This edition ©1999 by **CASA RICORDI** - BMG RICORDI S.p.A.
Tutti i diritti riservati - All rights reserved
Printed in Italy

P.R. 1354
ISMN M-041-91354-4

RISTAMPA 1999

Riassunto del libretto

Atto I. Il Duca di Mantova corteggia la Contessa di Ceprano, ma è anche attirato da una fanciulla che vede ogni domenica quando si reca, in incognito, in chiesa. Il gobbo Rigoletto, buffone di corte, provoca il Conte di Ceprano e il Conte di Monterone, al quale il Duca ha sedotto la figlia. Monterone maledice Rigoletto. Questi, andando verso casa in una notte scura, medita turbato sulla maledizione quando viene avvicinato da Sparafucile, un bravo che gli offre i suoi servigi. Giunto a casa, Rigoletto raccomanda a Giovanna di vegliare su Gilda, sua figlia, ma proprio Giovanna permette al Duca di entrare in casa sotto le false vesti di uno studente di nome Gualtier Maldé, del quale Gilda è innamorata pur senza sapere chi sia. Intanto un gruppo di cortigiani, che vogliono rapire la fanciulla credendola l'amante di Rigoletto, è sorpreso dall'arrivo del buffone, il quale, ingannato dai cortigiani, viene bendato mentre Gilda è rapita. Accortosi dell'accaduto, Rigoletto rammenta la maledizione di Monterone e sviene.

Atto II. Il Duca è turbato perché, ritornato di notte nella casa di Rigoletto, non vi ha trovato Gilda. Medita vendetta ma pensa soprattutto al dolore della fanciulla. Arrivano i cortigiani che gli annunciano d'aver rapito l'amante di Rigoletto e di averla portata al palazzo ducale: il Duca corre esultante a raggiungerla. Intanto si fa avanti Rigoletto, alla ricerca di sua figlia. Gilda gli corre incontro e gli narra come abbia conosciuto il Duca e come sia stata ingannata e oltraggiata da lui. Rigoletto le offre conforto, ma quando vede Monterone condotto in carcere, decide di vendicare il vecchio Conte e se stesso mentre Gilda chiede pietà per il Duca.

Atto III. In una locanda sulla riva del Mincio, Maddalena, sorella di Sparafucile, ha attirato il Duca, che la corteggia in incognito. Arriva Gilda accompagnata da Rigoletto il quale vuole farle constatare come il Duca le sia infedele. Mentre Maddalena si beffa delle profferte del suo corteggiatore, Gilda ricorda le parole lusingatrici che il Duca le aveva rivolto; Rigoletto la esorta a dimenticare e le ordina di partire per Verona in abiti maschili. Gilda parte e Rigoletto promette dieci scudi a Sparafucile quando il cadavere del Duca gli verrà consegnato chiuso in un sacco. Maddalena convince il fratello a risparmiare la vita del giovane: Sparafucile ucciderà il primo viandante che chiederà ospitalità nella locanda. Ma il primo viandante è Gilda, che non vista ha ascoltato il dialogo tra i due, e decide di morire per il Duca tornando alla locanda. Viene pugnalata e il suo corpo agonizzante è chiuso da Sparafucile in un sacco e consegnato a Rigoletto. Rigoletto sente la voce del Duca che si allontana cantando: colto da un inquietante presagio apre il sacco e vi trova Gilda che, morente, invoca il perdono per sé e per il suo seduttore.

Synopsis of the libretto

Act I. The Duke of Mantua courts Countess Ceprano, but he is also attracted by a girl he sees every Sunday when he goes to church in disguise. Rigoletto, the hunchbacked court jester, provokes Count Ceprano and Count Monterone, whose daughter the Duke has seduced. Monterone curses Rigoletto. The jester, going home through the dark night, is thinking in dismay about the curse when he is approached by Sparafucile, a professional assassin who offers him his services. On reaching his house, Rigoletto urges Giovanna to take care of Gilda, his daughter, but it is Giovanna who allows the Duke to enter the house disguised as a student called Gualtier Maldé, with whom Gilda is in love without knowing who he is. Meanwhile a group of courtiers who want to abduct the girl, believing her to be Rigoletto's lover, is surprised by the arrival of the jester, who is tricked by the courtiers and blindfolded while Gilda is carried off. Having realized what has happened, Rigoletto remembers Monterone's curse and faints.

Act II. The Duke is perturbed because, returning to Rigoletto's house at night, he did not find Gilda. He promises revenge but thinks above all of the girl's sorrow. The courtiers arrive and announce that they have abducted Rigoletto's lover and brought her to the palace: the Duke hurries to her exultantly. Meanwhile Rigoletto appears, looking for his daughter. Gilda runs to him and tells him how she came to know the Duke, and that she has been deceived and abused by him. Rigoletto comforts her, but when he sees Monterone being taken to prison he decides to take revenge for both the old Count and himself, while Gilda begs for mercy for the Duke.

Act III. In a tavern on the bank of the River Mincio, Maddalena, Sparafucile's sister, has attracted the disguised Duke and he is courting her. Gilda arrives, accompanied by Rigoletto: he wants her to see for herself that the Duke is unfaithful to her. While Maddalena laughs at the advances of her wooer, Gilda remembers the flattering words the Duke addressed to her; Rigoletto exhorts her to forget, and instructs her to leave for Verona dressed as a man. When she has gone, he promises Sparafucile ten scudi when the Duke's corpse is handed over to him in a sack. Maddalena persuades her brother to spare the young man's life: Sparafucile will kill the first traveler who seeks hospitality at the tavern. But the first traveller is Gilda, who has listened to their conversation without being seen, and decides to die for the Duke by going into the tavern. She is stabbed and her body, in the throes of death, is put into a sack by Sparafucile and handed over to Rigoletto. Rigoletto hears the Duke's voice singing in the distance: seized by an alarming presentiment, he opens the sack and finds Gilda who, dying, invokes forgiveness for herself and her seducer.

Zusammenfassung des Librettos

Erster Akt. Der Herzog von Mantua hofiert die Gräfin von Ceprano, doch ist er auch von dem jungen Mädchen angezogen, das er jeden Sonntag sieht, wenn er sich Inkognito in die Kirche begibt. Der bucklige Hofnarr Rigoletto provoziert den Grafen von Ceprano und den Grafen von Monterone, dem der Herzog die Tochter verführt hat. Monterone verflucht Rigoletto. Als dieser in einer dunklen Nacht heimkehrt und verstört über den Fluch nachdenkt, nähert sich ihm Sparafucile, ein braver junger Mann, der ihm seine Dienste anbietet. Zu Hause angelangt, rät Rigoletto Giovanna dringend, über seine Tochter zu wachen, doch gerade Giovanna erlaubt dem Herzog, das Haus zu betreten, der sich als Student mit Namen Gualtier Maldé verkleidet hat, und in den sich Gilda verliebt, ohne zu wissen, um wen es sich handelt. In der Zwischenzeit will eine Gruppe Hofmänner das Mädchen entführen, da sie es für die Geliebte Rigolettos halten, doch werden sie von dem Hofnarr überrascht, der sich jedoch von ihnen täuschen und fesseln läßt, während Gilda entführt wird. Nachdem Rigoletto sich des Vorgefallenen bewußt geworden ist, erinnert er sich an den Fluch von Monterone und wird ohnmächtig.

Zweiter Akt. Der Herzog ist verärgert, denn als er des Nachts in das Haus Rigolettos zurückkehrt, findet er Gilda dort nicht mehr vor. Er will Rache üben, doch denkt er insbesondere an den Schmerz des Mädchens. Die Hofmänner treffen ein und kündigen ihm an, die Geliebte von Rigoletto entführt und in den Herzogspalast gebracht zu haben: der Herzog macht sich freudig auf, sie zu treffen. In der Zwischenzeit nähert sich Rigoletto auf der Suche nach seiner Tochter. Gilda läuft ihm entgegen und erzählt ihm, wie sie den Herzog kennengelernt hat, wie sie von diesem verführt und geschändet wurde. Rigoletto bietet ihr Trost, doch als er sieht, daß Monterone ins Gefängnis geführt wird, beschliesst er, den alten Grafen und sich selbst zu rächen, während Gilda um Gnade für den Herzog bittet.

Dritter Akt. In einer Gaststätte am Ufer des Mincio, hat Maddalena, die Schwester von Sparafucile, die Aufmerksamkeit des Herzogs auf sich gelenkt, der sie Inkognito hofiert. Daraufhin trifft Gilda in Begleitung von Rigoletto ein, der ihr zeigen möchte, wie untreu der Herzog ihr ist. Während Maddalena sich lustig macht über die Schmeicheleien ihres Verehrers, erinnert sich Gilda der betörenden Worte des Herzogs für sie; Rigoletto beschwört sie zu vergessen und befielt ihr in Männerkleidung nach Verona zu reisen. Gilda reist ab und Rigoletto verspricht Sparafucile zehn Scudi, wenn ihm die Leiche des Herzogs in einem Sack verschlossen ausgehändigt wird. Maddalena überzeugt den Bruder das Leben des jungen Mannes zu verschonen: Sparafucile wird den ersten Wanderer töten, der des Weges kommt und die Gaststätte aufsucht. Doch der erste Wanderer ist Gilda, die den Dialog zwischen den beiden ungesehen mitangehört hat, und beschliesst, für den Herzog zu sterben, indem sie zur Gaststätte zurückkehrt. Sie wird erdolcht und ihr mit dem Tode ringender Körper von Sparafucile in einen Sack gesteckt, der Rigoletto überbracht wird. Rigoletto hört die Stimme des Herzogs, der sich singend entfernt: mit unguter Vorahnung öffnet er den Sack, in dem er die sterbende Gilda vorfindet, die um Vergebung für sich und ihren Verführer bittet.

Résumé du livret

Acte I. Le duc de Mantoue courtise la comtesse de Ceprano, mais il se sent également attiré par une jeune fille qu'il voit tous les dimanches quand, en incognito, il va à la messe. Le bossu Rigoletto, bouffon de la cour, raille ouvertement le comte de Ceprano et le comte de Monterone, dont le duc a séduit la fille. Monterone maudit Rigoletto. Rentrant à son logis durant une nuit sombre, celui-ci songe avec inquiétude à la malédiction, lorsqu'il est abordé par le tueur à gages Sparafucile, qui lui propose ses services. Parvenu chez lui, Rigoletto recommande à la duègne Giovanna de bien veiller sur Gilda, sa fille; mais c'est Giovanna précisément qui a permis au duc de s'introduire dans la maison sous le déguisement d'un étudiant nommé Gualtier Maldé, dont, sans connaître sa véritable identité, Gilda est tombée amoureuse. Entretemps quelques courtisans, s'apprêtant à ravir la jeune fille, qu'ils prennent pour la maîtresse de Rigoletto, sont surpris par l'arrivée du bouffon; abusant ce dernier, ils lui bandent les yeux tandis qu'ils enlèvent Gilda. Lorsqu'il comprend ce qui s'est passé, Rigoletto se souvient de la malédiction de Monterone et perd les sens.

Acte II. Dans son palais, le duc est en proie à un grand émoi car, retournant la nuit dans la maison de Rigoletto, il n'y a pas trouvé Gilda. Il médite une vengeance mais pense surtout au chagrin de la jeune fille. Les courtisans arrivent et lui apprennent qu'ils ont enlevé la maîtresse du bouffon et l'ont amenée au palais: exultant, le duc s'empresse de la rejoindre. Entretemps survient Rigoletto, à la recherche de sa fille. Gilda se précipite dans ses bras et lui raconte comment elle a fait la connaissance du duc et comment il l'a trompée et séduite. Rigoletto tente de la consoler, mais lorsqu'il voit le vieux comte Monterone mené en forteresse pour avoir bravé le duc, il jure d'être son vengeur tout en se vengeant soi-même, tandis que Gilda implore sa pitié pour l'homme qu'elle aime encore.

Acte III. Maddalena, la soeur de Sparafucile, a attiré dans une auberge, sur les bords du Mincio, le duc, qui la courtise en incognito. Arrive Gilda, accompagnée de Rigoletto, lequel veut faire constater à sa fille la perfidie de son amoureux. Tandis que Maddalena se gausse des avances de son admirateur, Gilda se remémore les galanteries que le duc lui avait adressées; Rigoletto l'exhorte à tout oublier et lui ordonne de se réfugier à Vérone, travestie en homme. Gilda s'éloigne et Rigoletto promet à Sparafucile de lui donner dix écus au moment où il lui remettra le cadavre du duc enfermé dans un sac. Mais Maddalena supplie son frère d'épargner la vie de son soupirant: Sparafucile tuera le premier passant qui se présentera à l'auberge. Or le premier passant est Gilda, qui, à leur insu, a entendu le dialogue entre le spadassin et sa soeur, et, ayant décidé de s'offrir en victime à la place du duc, retourne à l'auberge. Sparafucile la poignarde et enferme son corps agonisant dans un sac qu'il remet à Rigoletto. Celui-ci entend la voix du duc, qui s'éloigne en chantonnant: saisi par un sombre pressentiment, il ouvre le sac et y découvre Gilda qui, mourante, invoque son pardon pour elle-même et pour son séducteur.

PERSONAGGI

Tenore	IL DUCA di Mantova
Baritono	RIGOLETTO, suo buffone di corte
Soprano	GILDA, di lui figlia
Basso	SPARAFUCILE, bravo
Contralto	MADDALENA, sua sorella
Mezzosoprano	GIOVANNA, custode di Gilda
Baritono	Il Conte di MONTERONE
Baritono	MARULLO, cavaliere
Tenore	BORSA Matteo, cortigiano
Basso	Il Conte di CEPRANO
Mezzosoprano	La CONTESSA, sua sposa
Basso	Usciere di Corte
Tenore (Mezzosoprano)	Paggio della Duchessa

Cavalieri, dame, paggi, alabardieri

La scena si finge nella città di Mantova e suoi dintorni.

Epoca, il secolo XVI.

ORCHESTRA

Flauto I [Fl.]
Flauto II e Ottavino [Ott.]
Oboe I [Ob.]
Oboe II e Corno inglese [Cor. ingl.]
2 Clarinetti [Clar.]
2 Fagotti [Fag.]

4 Corni
2 Trombe [Tr.^{be}]
3 Tromboni [Tr.^{bni}]
Cimbasso [Cimb.]

Timpani [Timp.]
Gran Cassa [Gr. C.]

Violini I
Violini II   [Viol.]
Viole [V.le]
Contrabbassi [Cb.]
Banda (interna) [Banda int.]
Gran Cassa (interna) [Gr. C. int.]
2 Campane [Camp.]

sul palco

Violini I
Violini II   [Viol.]
Viole [V.le]
Violoncelli [Vc.]
Contrabbassi [Cb.]

INDICE

RIGOLETTO

di
Giuseppe Verdi

ATTO PRIMO

Nº 1. Preludio

2

4

Nº 2. Introduzione

Sala magnifica nel palazzo Ducale con porte nel fondo che mettono ad altre sale, pure splendidamente illuminate.

BALLATA-Duca

Allegretto ♩.= 80

13

P. R. 156

14

P. R. 156

18

Contessa di Ceprano

Duca (Il Duca va ad incontrare la Contessa di Ceprano e le dice con molta galanteria:)

Par-ti-te?... Cru - de - le!

Se-

Viol.

V-le

Cb.

SUL PALCO

Cᵃ

- gui - re   lo spo-so m'è for - za a Ce - pra - no.

D.

Ma de - e lu - mi - no-so in cor-tetal

Viol.

V-le

Cb.

SUL PALCO

D.

a - stro qual so-le bril - la - re. Per voi   qui   cia - scu-no do - vrà pal-pi - tare. Per

Viol.

V-le

Cb.

SUL PALCO

P. R. 156

28

30

34

P.R. 156

38

40

(che saranno in fondo della sala, vengono sul davanti della scena)

fe-sta; tut-to in - vi-ta-ci a go - de-re! Oh guar - da-te, non par que-sta or la reg - gia del pia - ce - re! Oh guar - da - te, non par que - sta, oh guar - da - te, non par

42

que-sta or la reg-gia del pia - cer! Oh guar - da-te, non par que-sta or la

P. R. 156

44

46

P.R.156

48

50

P. R. 156

(a Rigoletto)

a le-on mo - ren - te   e vi - le,o Du-ca...   e tu ser-

-pen - te,   tu che d'un pa - dre ri - di al do-lo-re,   sii ma-le-

58

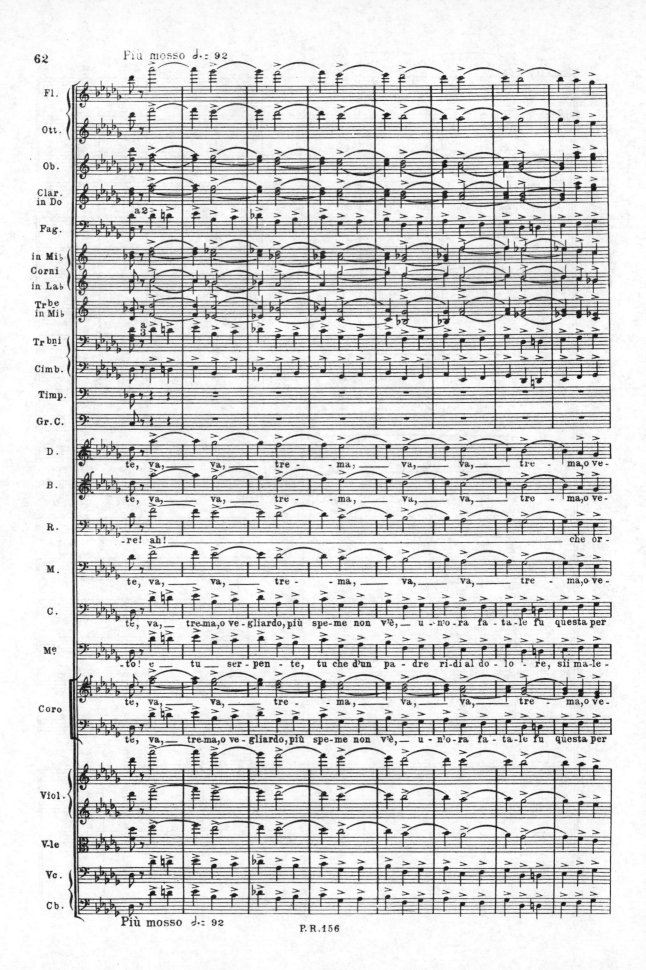

Fl.
Ott.
Ob.
Clar. in Do
a 2
Fag.
in Mi♭ Corni in La♭
Tr^be in Mi♭
a 3
Tr^bni
Cimb.
Timp.
Gr. C.
D.
-gliar - do più spe - me non v'è, va, va, tre - ma,
B.
-gliar - do più spe - me non v'è, va, va, tre - ma,
R.
-ro - re! che or - ror! ah!
M.
-gliar - do, più spe - me non v'è, va, va, tre - ma,
C.
te, fu que - sta per te, va, va, tre-ma, o ve gliar - do, più spe-me non
M^e
-det - - - - to! e tu ser - pen - te, tu che d'un
Coro
-gliar - do più spe - me non v'è, va, va, tre - ma,
te, fu que - sta per te, va, va, tre-ma, o ve gliar - do, più spe-me non
Viol.
V-le
Vc.
Cb.

65

P. R. 156

Fl.
Ott.
Ob.
Clar. in Do
Fag.
in Mib Corni in Lab
a 2
Trbe in Mib
Trbni
Cimb.
Timp.
Gr. C.
D.
v'è, più spe - me non v'è, non v'è, non v'è, non v'è, non
B.
v'è, più spe - me non v'è, non v'è, non v'è, non v'è, non
R.
- re! or - ro - - - re! che or - ror! che or - ror! che or - ror! che or -
M.
v'è, più spe - me non v'è, non v'è, non v'è, non v'è, non
C.
v'è, più spe - me non v'è, non v'è, non v'è, non v'è, non
Me
to! sii ma - le - det - - - to!
Coro
v'è, più spe - me non v'è, non v'è, non v'è, non v'è, non
v'è, più spe - me non v'è, non v'è, non v'è, non v'è, non
Viol.
V-le
Vc.
Cb.

68

(Monterone parte fra due alabardieri; tutti gli altri seguono il Duca in altra stanza)

69

P. R. 156

№ 3. Duetto

Rigoletto e Sparafucile

L'estremità più deserta d'una via cieca.

A sinistra una casa di discreta apparenza con una piccola corte circondata da muro. Nella corte un grosso ed alto albero ed un sedile di marmo; nel muro una porta che mette alla strada; sopra il muro un terrazzo praticabile, sostenuto da arcate. La porta del primo piano dà sul detto terrazzo, a cui si ascende per una scala di fronte. A destra della via è il muro altissimo del giardino, e un fianco del palazzo di Ceprano. È notte.

72

73

P. R. 156

vi - e dan - za... è bel - la... Chi voglio at - ti - ra... e al-lor...

Com-

82

allarg. e morendo

-sio-ne?.. Va. Va, va, va, va.

Qui sempre a sera... Spa - ra-fu-cil, Spa - ra-fu-cil.

(parte)

allarg. e morendo

Nº 4. Scena e Duetto
Gilda e Rigoletto

Ma— in al - tr'uo-mo qui mi can-gio!   Quel vec-chio ma - le -

-di - va - mi!..   Tal pen - sie-ro   per-chè con-tur-ba o-gnor   la men-te

90

106

Gil.
me!___ gio - ia, gio - ia è la vi - ta a me!

R.
-ver-so è in te! il mi - o u - ni - ver-so è in te!

112

P. R. 156

114

P. R. 156

116

118

P. R. 156

121

P. R. 156

122

(.. _ciano e Rigoletto parte chiudendosi dietro la porta)

Nº 5. Scena e Duetto

Gilda e Duca

Gil.
bel - lo e — spi-ra a - mo - re...
Gio.
E magna-ni-mo sem - bra — e gran si - gno -
Viol.
V-le
Vc.
Cb.
Allegretto 𝅗𝅥=88
Ob.
Clar. in Do
I.
Gil.
Si-gnor nè prin-ci-pe io lo vor-re - i;
Gio.
-re.
pizz.
p
Allegretto 𝅗𝅥=88

126

sen-to che po-ve-ro, sento che po-ve-ro più l'a - me-re - i.

So - gnan-do o   vi - gi-le

(Il Duca esce improvviso fa cenno a Giovanna d'andarsene, e inginocchiandosi ai piedi di Gilda termina la frase)

sem - pre lo chia - mo, e l'al - ma in e - sta - si

gli di - ce t'a...

Duca

T'a - mo! T'a - mo, ri - pe - ti - lo sì caro ac - cen - to, un pu - ro

Allegro vivo ♩= 138

Allegro vivo ♩= 138

128

130

134

gло - ria, po - ten - za e tro - no, u - ma - ne, fra - gi - li qui co - se so - no:

u - na pur av - ve - ne,   so - la, di - vi - na, è a - mor che a - gl'an - ge - li, a - gl'an - ge - li più ne avvi -

136

140

142

144

146

148

Gil. -vrà im - mu - ta - bi - le l'af - fet - to mio per te,_____ per te.

D. -vrà im - mu - ta - bi - le l'af - fet - to mio per te, per____ te. Ad-

154

(il Duca esce scortato da Giovanna. Gilda resta fissando la porta ond'è partito)

Nº 6. Scena ed Aria

Gilda

160

164

Nº 7. Scena e Coro - Finale Primo.

169

P. R. 156

174

Ob.
pp
Clar. in Si♭
I.
pp
Fag.
I.
pp
Corno I. in Mi♭
pp
B.
-ti, che - ti, che-ti, rubiam - gli l'a-mante, e la Corte doman ri - de-
M.
-ti, che - ti, che-ti, rubiam-gli l'a-mante, e la Corte doman ri - de-
C.
cheti, che - ti, che-ti, rubiam - gli l'a-mante, e la Corte doman ri - de-
Coro
-ti, che - ti, che-ti, rubiam - gli l'a-mante, e la Corte doman ri - de-
-ti,
cheti, che - ti, che-ti, rubiam - gli l'a-mante, e la Corte doman ri - de-
Viol.
pp
pp
V-le
pp
Vc.
pp
Cb.
pp

184

Allegro assai vivo ♩= 100

scena, ella perde una sciarpa)

Allegro assai vivo ♩= 100

chiarore d'una lanterna scordata riconosce la sciarpa, vede la porta

spalancata, entra, ne trae Giovanna che fissa con istupore;

si strappa i capelli..... vorrebbe gridare, non può;

finalmente _____ dopo molti sforzi

190

Fine dell'Atto primo.

ATTO SECONDO

Salotto nel Palazzo Ducale.

Vi sono due porte laterali, una maggiore nel fondo che si chiude. Ai suoi lati pendono i ritratti, in tutta figura, a si - nistra del Duca, a destra della sua sposa. V'ha un seggiolone presso una tavola coperta di velluto e altri mobili.

N⁰ 8. Scena ed Aria
Duca

(Entra il Duca agitatissimo)

Allegro
Recitativo
Duca

El - la mi fu ra - pi - ta! E quan-do, o ciel.... Ne' bre - vi i -

Allegro

D. - stanti, prima che il mio presagio in - ter - no sull'orma corsa anco-ra mi spin - gesse!...

196

198

Fl.

Ob.I.

Clar.
in Do

Fag.

D.

-diò, ei che le sfe - re, le sfe-re a-gl'ange-li per te, per te,___ le sfe-re a-

Viol.

V-le

Vc.

Cb.

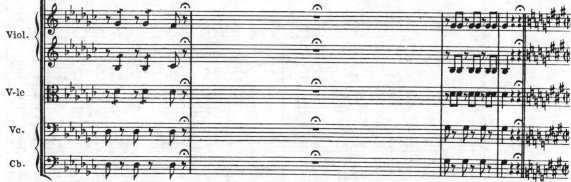

Ob.I.

Clar.
in Do

Fag.

D.

- gl'angeli per te___ non invidiò, ah!___ non invidiò per te.

allarg. *dolciss.*

Viol.

V-le

Vc.

Cb.

200

202

P.R. 156

Allegro assai moderato ♩= 96

212

P. R. 156

214

216

218

222

l'a - - - ma, co - no - sea al-fin chi so - - - no, ap-

228

P. R. 156

chia - - ma, vo - lar io deg - gio a le - - i: il

ser - to mio da - rei_____ per_ con - so - lar_ quel_

Fl.

Ott.

Ob.

Clar.
in Do

Fag.

Corni
in Re
in La

Tr.be
in Re

Trb.ni

Cimb.

Timp.

D.

tro - - no ha de - gli schia - vi, ha _ de _ gli schia - vi A-

Viol.

V.-le

Vc.

Cb.

237

P. R. 156

(Il Duca esce frettoloso dal mezzo)

Nº 9. Scena ed Aria _ Rigoletto

244

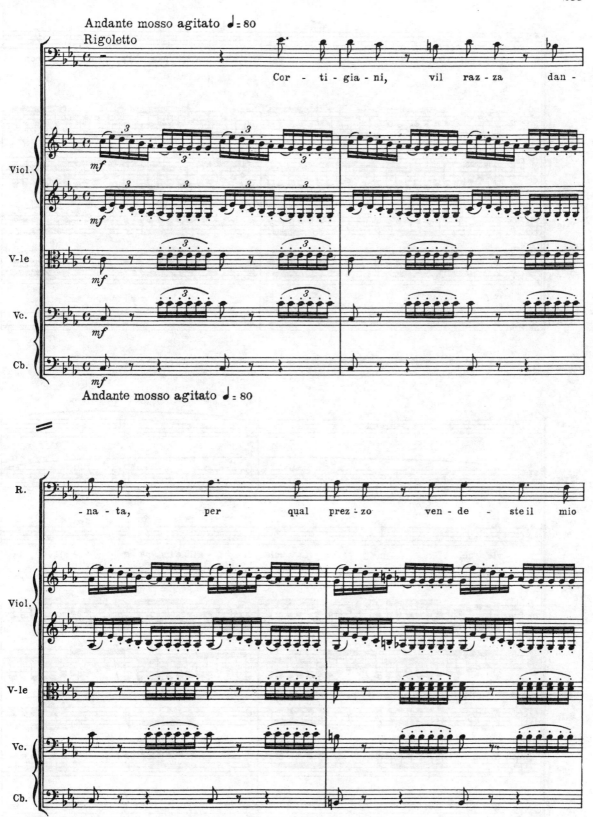

ancora sulla porta che gli è nuovamente contesa)

-nor.   Quel-la por-ta,   as-sas - si - ni,   as-sas-si - ni,   m'a-

260

-pri-te, la por-ta, la porta, assas-si-ni, m'a - pri - te.

(lotta alquanto coi Cortigiani, poi torna spossato sul davanti della scena)

P. R. 156

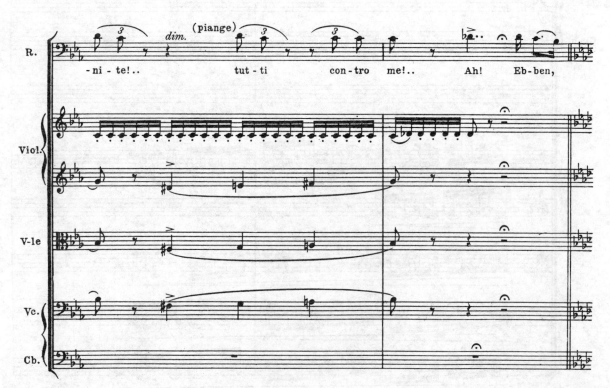

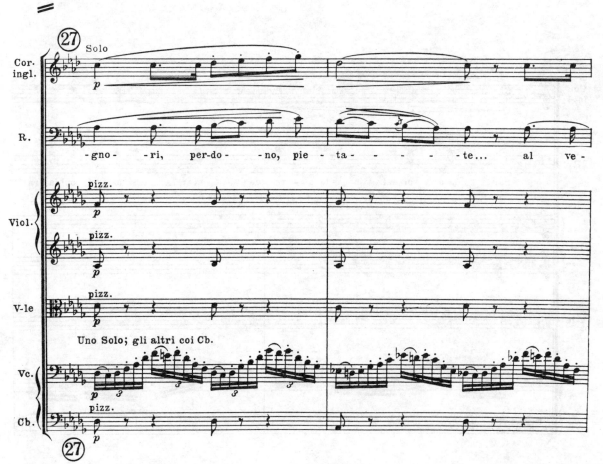

gliar - do la fi - glia ri da - - te... ri - do -

- nar - la a voi nul - la o - ra co - sta, ____ a voi nul-la o-ra

268

P.R. 156

Nº 10. Scena e Duetto
Gilda e Rigoletto

Allegro assai vivo ed agitato ♩= 144

Flauto

Ottavino

Oboi

Clarinetti in Si♭

Fagotti

Corni in Mi♭ / in La♭

Trombe in Mi♭

Tromboni

Cimbasso

Timpani

Gran Cassa

GILDA

(Gilda esce dalla stanza a sinistra e si getta nelle braccia del padre)

Mio pa - dre!

BORSA

RIGOLETTO

Di - o! mia Gil - da!..

MARULLO

CEPRANO

CORO

Tenori

Bassi

Violini

Viole

Violoncelli

Tutti

Contrabbassi

Allegro assai vivo ed agitato ♩= 144

-tì... par - tì... il mio co-re a - pri - va-si a

spe - - me più gra - di - - ta, quan - do improvvi-sia p-par - ve-ro co-

cresc.

282

tut-to,   ma tut-to   o - ra scom - pa - re...   l'al-ta - re   si   ro-ve-

-sciò!   tut - to   scom-pa - re...   l'altar   si   ro-ve-sciò!ah!..)

292

-và - no da me ma - le - det - - - - - to,   nè un

ful- mi-ne o un ferro colpi-va il tuo pet - - - - to, fe -

296

l'o - - ra s'af-fret - ta, che fa-ta - - le per

te tuo-ne-rà. Co - - me ful - min sca-

P. R. 156

302

P. R. 156

304

Fine dell'Atto secondo.

ATTO TERZO

Destra sponda del Mincio.

A sinistra è una casa a due piani, mezzo diroccata, la cui fronte, volta allo spettatore, lascia vedere per una grande arcata l'interno d'una rustica osteria al pian terreno, ed una rozza scala che mette al granaio, entro cui da un balcone senza imposte, si vede un lettuccio. Nella facciata che guarda la strada è una porta che s'apre per di dentro; il muro poi è sì pieno di fessure, che dal di fuori si può facilmente scorgere quanto avviene nell'interno. Il resto del teatro rappresenta la deserta parte del Mincio, che nel fondo scorre dietro un parapetto in mezza ruina; al di là dal fiume è Mantova. È notte.

Nº 11. Scena e Canzone
Duca

P. R. 156

320

con una bottiglia di vino e due bicchieri che depone sulla tavola; quindi batte col pomo della sua

lunga spada due colpi al soffitto. A quel segnale una ridente giovane, in costume di zingara,

scende a salti la scala. Il Duca corre per abbracciarla, ma ella gli sfugge. Frattanto Sparafucile, uscito sulla via, dice a parte a Rigoletto:)

Sparafucile

È là il vo-stro-mo...

N.º 12. Quartetto
Gilda, Maddalena, Duca e Rigoletto.

334

336

338

346

P. R. 156

348

P. R. 156

№ 13. Scena, Terzetto e Tempesta.
Gilda, Maddalena e Sparafucile.

359

P. R. 156

362

374

380

382

P. R. 156

388

390

Fulmini continui

(Qui comincerà ad agire la macchina del tuono sul palcoscenico)

399

P. R. 156

(cessa la macchina del tuono; continuano lampi e pioggia)

Nº 14. Scena e Duetto finale
Gilda e Rigoletto

P. R. 156

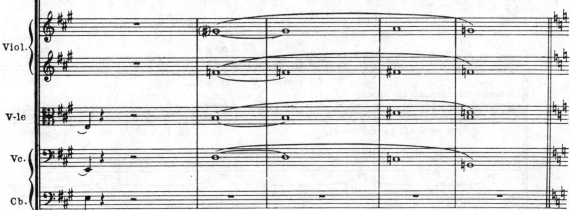

406

410

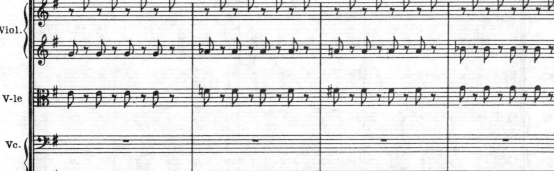

420

P. R. 156

428

P. R. 156

(strappandosi i capelli sul cadavere della figlia)

Ah! la ma-le-di - zio - - - ne!